L'Apocalypse de l'an 97 et la ruine de Jérusalem

Ernest Renan

Édition : BoD · Books on Demand, 31 avenue Saint-Rémy, 57600 Forbach, bod@bod.fr
Impression : Libri Plureos GmbH, Friedensallee 273, 22763 Hamburg (Allemagne)
ISBN : 978-2-3225-3259-9
Dépôt légal : Décembre 2024

Première partie

L'Apocalypse de l'an 97

I.

La gloire propre du génie d'Israël, c'est le prophétisme. Ni par son culte, ni par ses lois, ni par ses mœurs, le peuple hébreu n'eut une grande supériorité sur ses voisins jusqu'au VIIIe siècle avant Jésus-Christ. L'inscription de Mescha découverte il y a quelques années et que l'on peut dater avec une très grande approximation de l'an 898 avant Jésus-Christ nous montre ce roi de Moab dans un état religieux exactement semblable à celui de David. Au lieu de *Chamos*, dieu de Moab, mettons *Jéhovah*. dieu d'Israël, et l'inscription moabite nous représentera parfaitement la psychologie d'un vigoureux Israélite de Gabaa ou de Bethléem, peu mystique, intéressé, passionné, sans idée de récompenses ni de châtiments d'outre-tombe, ayant avec son dieu une sorte de contrat réciproque par suite duquel le dieu, en retour du culte qu'on lui rend, est obligé de faire réussir son fidèle dans toutes ses entreprises. Identification complète du dieu et de la tribu, lien étroit entre le dieu et un membre de la tribu qui est l'homme de son choix et à qui il donne la royauté, croyance à une inspiration permanente du dieu dictant par des songes ou des théophanies fréquentes ses volontés à son favori, victoire de ces dieux de tribu les uns sur les autres, si bien que tour à tour Jéhovah est traîné devant Chamos et Chamos devant Jéhovah, selon qu'Israël ou Moab l'emporte, voilà le tableau que nous présente le document capital trouvé à Dibon. C'est l'état commun des religions de la Palestine et des pays limitrophes avant l'apparition des grands prophètes en Israël.

Tout change quand, vers le milieu du VIIIe siècle avant Jésus-Christ, les *nabis* ou prophètes israélites, qui jusque-là n'avaient pas différé essentiellement de ceux des peuples voisins, se mettent à tenir école d'éloquence religieuse, morale, sociale, politique. Le jour le plus solennel peut-être de l'histoire du monde fut celui où un tribun religieux s'éleva et osa faire parler ainsi Jéhovah à la face des prêtres : « Vos holocaustes de béliers et de graisse de veau me font mal au cœur, j'en ai la nausée. Je ne vous écoute pas, vos mains sont pleines de sang. Purifiez-vous, cessez de mal faire, secourez l'opprimé, respectez le droit de l'orphelin, défendez la veuve, et venez sacrifier alors, si vous voulez. »

Ce grand esprit de religion dura près de trois cents ans avec un éclat incomparable. La captivité de Babylone, loin de l'éteindre, ne fit en un sens que l'exciter. Zacharie, vers 520, clôt la liste des hommes extraordinaires qui créèrent dans le monde la religion selon l'esprit, et furent en un sens éloigné les fondateurs du christianisme. Le génie prophétique d'Israël semble subir ensuite une éclipse de trois cent cinquante ans. Israël se repose sous les Achéménides; le fanatisme intense qui est au fond du cœur de ce peuple semble dormir; les chefs du peuple, résignés sur les abus du monde, qui révoltaient si fort les *nabis*, s'abandonnent et s'oublient jusqu'à se laisser aller à douter du sérieux de la vie. Un Israélite écrit un livre charmant, l'*Ecclésiaste*, pour arriver à cette conclusion, que tout est frivole, et que le dernier mot de la sagesse est de jouir en paix, au sein d'une heureuse médiocrité, du bien qu'on a gagné par son travail.

La persécution d'Antiochus Épiphane changea entièrement le cours des choses. La pratique exacte de la loi devait, selon les promesses divines, faire le bonheur de la vie, et voilà que ceux qui l'observaient fidèlement étaient traqués, ruinés, exposés aux supplices. Que devenait Dieu? comment concilier sa justice, sa fidélité à sa parole avec ce qui se passait? Dans cette crise terrible de la foi du peuple, des hommes se trouvèrent pour faire monter jusqu'au ciel le cri passionné d'Israël. Tout ce qui était au fond de cette insondable conscience juive se réveilla; l'ardente protestation contre les injustices du monde réel, qui était l'esprit même des vieux prophètes, fut entendue de nouveau. De la sorte se produisit une série d'écrits, inférieurs à ceux des anciens sous le rapport littéraire, mais dont les conséquences ont été plus décisives encore pour l'histoire de l'humanité. Deux traits essentiels caractérisent cette nouvelle école d'inspirés. La forme de visions symboliques, déjà employée par Ézéchiel, fut celle qu'ils choisirent. Une autre règle qu'ils adoptèrent fut de déguiser leur personnalité sous des noms supposés. La vieille littérature et la vieille histoire étaient devenues l'objet d'un si profond respect, que personne n'aurait osé concevoir l'idée d'inscrire son nom dans le canon sacré à côté de ceux d'Isaïe, de Jérémie, de Zacharie. Que firent les ardents promoteurs du mouvement qui entraînait la nation vers une destinée purement théocratique? Ils se mirent sous le couvert d'anciennes célébrités, firent parler des personnages illustres, et prêtèrent à des hommes des siècles passés dont l'autorité était reconnue des livres contenant l'expression de leurs passions et de leurs espérances toutes modernes. Ces espérances étaient sans bornes. L'idéal messianique, l'espoir d'une grande revanche où Israël persécuté de tous aurait enfin son tour, prenaient des formes de plus en plus arrêtées.

« Le jour de Jéhovah, » jour de vengeance où Dieu ferait triompher la justice si souvent outragée, n'était plus ce qu'il était pour les anciens prophètes, la simple Providence divine se mêlant aux choses humaines, et y signalant son apparition par des révolutions, des coups subits, des fléaux. Le jour de Jéhovah devenait une apparition dans le ciel à grand triomphe, un renouvellement complet du monde, un règne surnaturel où Israël jugerait la terre et la gouvernerait avec une verge de fer.

Telle fut l'origine des apocalypses. Vers l'an 165 avant Jésus-Christ, un illustre inconnu inaugura ce genre nouveau de prophétisme avec un rare succès. Il choisit pour auteur supposé de son livre Daniel, personnage probablement fictif que depuis fort longtemps on regardait comme le type de l'Israélite persévérant dans sa foi au milieu des gentils. Son livre, plein d'images et de hardiesse, servit de modèle à toute une série d'écrits qui s'échelonnent sur un espace de trois cents ou quatre cents ans, et représentent, soit au sein du judaïsme, soit au sein de l'église chrétienne, la dernière manifestation du génie prophétique d'Israël. Les livres d'Hénoch, l'Assomption de Moïse, furent peu avant Jésus-Christ des apparitions du même ordre. A Alexandrie, où l'on voulait frapper la population païenne, ce fut sous forme d'écrits attribués aux sibylles que les exaltés cherchèrent à exprimer leurs rêves d'avenir. Le public auquel de pareils livres s'adressaient manquait complètement de critique; aucune objection ne s'élevait chez le lecteur contre des faux évidents. Quant à l'auteur, la persuasion de servir une bonne cause suffisait pour faire taire ses scrupules.

Le lendemain de leur apparition, ces sortes de livres apocryphes étaient adoptés et cités comme s'ils eussent été les œuvres des personnages souvent fabuleux à qui on les attribuait.

De même que l'ancien prophétisme avait été le berceau de la religion juive, de même le nouveau prophétisme fut l'ardent foyer où l'église chrétienne naquit et se constitua. L'apocalypse fut un des genres essentiels de la première littérature chrétienne. Les livres de Daniel et d'Hénoch étaient la lecture habituelle du cercle apostolique, et les discours sur la fin des temps que l'on supposait avoir été tenus par Jésus en offrirent la vive empreinte. De bonne heure, on crut que Jésus, peu avant sa mort, avait prononcé une vraie apocalypse, où la fin du monde et la ruine de Jérusalem étaient présentées comme deux faits en connexion l'un avec l'autre. Dans les derniers jours de l'année 68 ou les premiers de l'année 69, parut la grande Apocalypse de Jean, qui par la célébrité qu'elle obtint plus tard a rejeté dans l'ombre toutes ses sœurs.

La découverte du sens véritable de cet ouvrage singulier est une des plus belles découvertes de la critique moderne. Le livre autrefois le plus obscur de la Bible chrétienne en est aujourd'hui le plus clair, le mieux daté surtout. Nous n'avons pas à revenir sur une question qui a été ici même traitée de main de maître; nous voudrions montrer comment la même méthode, appliquée à un livre qui offre beaucoup d'analogie avec l'Apocalypse de Jean, a produit des résultats du même ordre, résultats dont la précision étonnera ceux-là seulement qui n'accordent pas à ces curieux problèmes une attention assez suivie.

II

Un livre essentiellement juif conservé dans le corps de la littérature chrétienne n'a rien qui doive nous surprendre. Les histoires macchabaïques, le livre de Judith, le livre de Tobie, les livres d'Hénoch, toute une série d'écrits apocalyptiques, négligés par les Juifs de la tradition talmudique, n'ont été gardés que par des mains chrétiennes. La communauté littéraire qui exista durant plus de cent ans entre les Juifs et les chrétiens faisait que tout livre juif empreint d'un esprit pieux et inspiré par les idées messianiques était accepté sur-le-champ dans les églises. A partir du second siècle, le peuple juif, voué exclusivement à l'étude de la loi et n'ayant de goût que pour la casuistique, négligea ces écrits. Plusieurs églises chrétiennes au contraire continuèrent d'y attacher un grand prix et les adoptèrent plus ou moins officiellement dans leur canon. Le livre dont nous allons parler est de ce nombre. Œuvre d'un Juif exalté, il n'a été sauvé de la destruction que par la faveur dont il jouit chez les disciples de Jésus. Interpolé au IIIe siècle, mutilé au moyen âge, il n'a retrouvé son unité et son intégrité que depuis peu de temps, par le travail assidu de théologiens chrétiens. Jamais recherches ne furent mieux récompensées; grâce à elles, on peut dire que la critique a été remise en possession de l'œuvre originale du dernier prophète d'Israël.

Toutes les personnes qui possèdent une des innombrables éditions de la *Vulgate*, faites selon la récension de Sixte V, ont remarqué, à la suite des livres sacrés, trois écrits imprimés d'ordinaire avec des caractères différents du reste de la Bible. En tête, on lit cet avertissement, que le concile de Trente les a repoussés du canon, mais qu'on les réimprime néanmoins, *ne prorsus intereant, vu qu'ils* ont été cités par des pères et qu'on les trouve fréquemment dans les exemplaires manuscrits et imprimés de la Bible. Les deux premiers de ces écrits sont d'un médiocre intérêt. Il n'en est pas de même du troisième, qui porte pour titre *Liber quartus Esdræ*. En apparence inintelligible, ce livre est un des plus importants parmi ceux qui peuvent nous révéler l'état troublé de la conscience juive vers l'époque de notre ère. Pour en découvrir le sens, il a fallu près d'un siècle de travail. Le texte grec original en est perdu. Malgré son annexion à la Bible, le texte de la version latine est chargé de fautes; peu d'efforts avant ces derniers temps avaient été tentés pour l'améliorer, et ce livre, tiré à des millions d'exemplaires, attirait si peu l'attention que l'on n'y remarquait pas, au chapitre VIIe, un manque de suite tout à fait choquant, indice certain d'une omission ou d'une suppression, que l'étude des versions orientales devait tout d'abord révéler.

Le premier qui lut le IVe livre d'Esdras autrement que d'un œil distrait fut le savant exégète de Zurich, Henri Corrodi, dans sa belle *Histoire du chiliasme* (Zurich 1781). Ce grand critique, qu'il faut regarder comme le vrai fondateur de l'étude comparative des apocalypses, entrevit l'interprétation du chapitre d'où résulte la date du livre entier. Il découvrit avec une rare pénétration que l'ouvrage était une apocalypse des dernières années du Ier siècle; mais il se trompa sur quelques détails du symbolisme compliqué sous lequel le visionnaire a enveloppé sa pensée. Gfrœrer embrassa le sentiment de Corrodi, et y ajouta un puissant argument en montrant que l'auteur nous apprend lui-même que le livre a été écrit environ trente ans après la ruine de Jérusalem. M. Ewald s'éloigna peu de cette opinion; mais Zurich semblait prédestiné à être le lieu où le voile des apocalypses devait se déchirer. Un professeur à l'université de cette ville, M. Gustave Volkmar, découvrit enfin vers 1858, non plus la solution approchée, mais le mot même de cette étrange énigme. L'Apocalypse d'Esdras a été composée sous Nerva, avant l'adoption de Trajan, par conséquent en l'année 97. Le travail de M. Volkmar est l'un des plus ingénieux de l'exégèse moderne. Les critiques les plus distingués, messieurs Colani, Langen, Holtzmann, Keim, Tischendorf, Maurice Vernes, y ont adhéré. Il y a des protestations cependant; M. Hilgenfeld, M. de Gutschmidt, M. l'abbé Le Hir, M. Schürer, ont résisté ou résistent encore. De graves objections peuvent être adressées à l'explication que M. Volkmar a donnée des symboles politiques employés par l'auteur; mais d'autres raisons nous décident. Nous croyons pouvoir montrer, indépendamment de ces symboles, que le livre est postérieur à la mort du dernier Flavius (18 septembre 96) et antérieur à l'avènement de Trajan janvier 98). Il semble que ce fût une loi de la conscience religieuse du peuple juif, à chacune des grandes crises qui déchiraient l'empire romain, d'émettre une de ces compositions allégoriques où il donnait carrière à ses préoccupations d'avenir. La situation de l'an 97 ressemblait à beaucoup d'égards à celle de l'an 68. Les prodiges naturels semblaient redoubler. La chute des Flavius fit presque autant d'impression que la disparition de la maison des Jules. Les Juifs crurent que l'existence de l'empire était de nouveau mise en question. Les deux chutes avaient été précédées de sanglantes folies, et furent suivies de troubles qui firent douter de la vitalité d'un état aussi agité. Durant cette nouvelle éclipse de la puissance romaine, l'imagination des messianistes se remit en campagne: les supputations bizarres sur la fin de l'empire et sur la fin des temps reprirent leur cours.

En même temps que la critique parvenait à fixer la date du livre avec une haute probabilité, la constitution du texte faisait de notables progrès. Ces progrès venaient surtout des versions orientales que l'on découvrait successivement. Comme il est arrivé pour presque toute la littérature apocalyptique juive et judéo-chrétienne, l'original grec de l'Apocalypse d'Esdras n'existe plus; mais, outre la traduction latine, on en possède des versions arabes, éthiopiennes, syriaques, arméniennes. Toutes ces versions sont concordantes entre elles ; d'abord elles montrent avec évidence la mutilation qu'a subie le texte latin entre les versets 35 et 36 du chapitre vu. En outre elles prouvent clairement que ce même texte latin a reçu, au commencement et à la fin, deux additions importantes. Pour avoir la vraie Apocalypse d'Esdras, telle qu'elle fut composée dans les dernières années du Ier siècle, il faut retrancher du texte latin les deux premiers chapitres et les deux derniers. Ainsi dégagé d'additions parasites, le livre a sa parfaite unité. Restait la lacune du chapitre VII, équivalant à quatre ou cinq pages. Une curieuse découverte de M. Bensly, professeur à l'université de Cambridge, est venue la remplir. Tous les manuscrits latins qu'on avait examinés jusqu'ici offrent cette lacune. M. Bensly a trouvé un manuscrit qui présente l'ouvrage complet et qui suit pas à pas le texte des versions orientales. Nous verrons bientôt clairement le motif qui amena au moyen âge cette singulière suppression, contre laquelle proteste un seul témoin. Grâce au manuscrit en question, la version latine nous est rendue dans son intégrité, et M. Bensly pourra nous en donner une reproduction qui remplacera presque le texte grec, dont la perte est probablement irréparable. On pourra lire alors d'une manière tout à fait plane ce curieux livre, qui, à l'heure qu'il est, ne peut encore être étudié sans quelque travail.

III.

Une des lois fondamentales de toute apocalypse est l'attribution de l'ouvrage à un sage des temps antiques. Le nom choisi par le voyant de l'an 97 fut celui d'Esdras. Ce scribe commençait à devenir fort célèbre. On lui attribuait un rôle exagéré dans la reconstitution des livres sacrés. Le voyant, pour son but, avait besoin d'ailleurs d'un personnage qui eût été contemporain d'une situation du peuple juif analogue à celle qu'on traversait. Selon toutes les vraisemblances, l'ouvrage fut composé à Rome. L'auteur était juif et pharisien, non chrétien. C'est par une altération manifeste qu'on voit figurer dans le texte latin (VII, 28) le nom de Jésus. Toutes les versions orientales portent à cet endroit le mot « Christ » ou « Messie, » et non le mot « Jésus. » Il n'y a pas une trace dans l'ensemble du livre des idées qui étaient à cette époque le caractère propre du christianisme ; on y trouve au contraire plus d'un trait anti-chrétien. L'auteur savait certainement le dialecte sémitique que l'on parlait en Palestine; nourri des prophètes, il a imprimé à son livre un cachet vraiment hébreu; il paraît cependant que la langue dont il se servit pour l'écrire fut ce grec rempli d'hébraïsmes qui avait déjà été la langue de l'Apocalypse de Jean.

L'ouvrage se divise en sept visions, affectant pour la plupart la forme d'un dialogue entre Esdras, supposé exilé à Babylone, et l'ange Uriel, qui fait ici pour la première fois son apparition dans le ciel judéo-chrétien; mais il est facile de voir, derrière le personnage légendaire, le Juif ardent de l'époque flavienne, plein de rage encore à cause de la destruction du temple par Titus. Le souvenir de ces jours sombres de l'an 70 monte dans son âme comme la fumée de l'abîme et la remplit de saintes fureurs. Jamais Israélite plus pieux, plus pénétré des malheurs de Sion, ne versa ses plaintes devant Jéhovah. Un doute profond le déchire, le grand doute juif par excellence, le même qui dévorait le psalmiste, « quand il voyait la paix des pécheurs. » Israël est le peuple élu. Dieu lui a promis le bonheur, s'il observe la loi. Sans avoir rempli cette condition dans toute sa rigueur, ce qui serait au-dessus des forces humaines, Israël vaut beaucoup mieux que les autres peuples. En tout cas, il n'a jamais observé la loi avec plus de scrupule que dans ces derniers temps. Pourquoi donc Israël est-il le plus malheureux des peuples, et d'autant plus malheureux qu'il est plus juste? L'auteur voit bien que les vieilles solutions matérialistes de ce problème ne sont pas tolérables. Aussi son âme est-elle troublée jusqu'à la mort.

« Seigneur, maître universel, s'écrie-t-il, de toutes les forêts de la terre et de tous les arbres qui s'y trouvent, tu t'étais choisi une vigne; de tous les pays de l'univers, tu avais élu un canton; de toutes les Heurs du monde, tu l'étais choisi un lis. Dans toute la masse des eaux, tu as préféré un petit torrent; entre toutes les villes bâties, tu t'es sanctifié Sion; de tous les oiseaux, tu t'es dédié une colombe, et de toutes les bêtes créées, tu n'as voulu pour toi qu'une brebis. Ainsi, parmi tous les peuples répandus sur la surface de la terre, tu en as adopté un seul, et à ce peuple aimé tu as donné une loi que tous admirent. Et maintenant, Seigneur, comment se fait-il que tu aies livré l'unique aux profanations, que sur la racine d'élection tu aies greffé d'autres plants, que tu aies dispersé le chéri au milieu des nations? Ceux qui te renient foulent aux pieds tes fidèles. Si tu en es venu à haïr ton peuple, à la bonne heure! mais il fallait au moins alors le punir de tes propres mains et ne pas charger des infidèles de ce soin...

« Tu as dit que c'est pour nous que tu as créé le monde, que les autres nations nées d'Adam ne sont à tes yeux qu'un vil crachat... Et maintenant, Seigneur, voilà que ces nations ainsi traitées de néant nous dominent, nous foulent aux pieds. Et nous, ton peuple, nous que tu as appelés ton premier-né, ton fils unique, nous, l'objet de ta jalousie, nous sommes livrés entre leurs mains. Si le monde a été créé pour nous, pourquoi ne possédons-nous pas du moins notre héritage? Jusqu'à quand cela durera-t-il, Seigneur?...

« Sion est déserte; Babylone est heureuse. Est-ce bien juste? Sion a donc beaucoup péché? Soit ; mais Babylone est-elle plus innocente? Je le croyais avant d'y être venu; mais, depuis que j'y suis, que vois-je? De telles impiétés que j'admire vraiment que tu les supportes, après avoir détruit Sion pour beaucoup moins. Quelle nation t'a connu hors Israël? Quelle tribu a cru en toi, si ce n'est Jacob? Et qui en a été moins récompensé? Passant à travers les nations, je les ai vues florissantes et parfaitement insoucieuses de tes commandements. Mets dans la balance ce que nous avons fait et ce qu'elles font. Chez nous, il y a peu de fidèles, j'en conviens ; mais chez elles il n'y en a pas du tout. Or elles jouissent d'une paix profonde, et nous, notre vie est celle de la sauterelle fugitive; nous passons nos jours dans la crainte et l'angoisse. Il nous eût été plus avantageux de ne pas exister que d'être tourmentés de la sorte sans savoir en quoi a pu consister notre faute.

« Ah ! que n'avons-nous été brûlés, nous aussi, dans l'incendie de Sion! Nous ne valons pas mieux que ceux qui y périrent! »

L'ange Uriel, l'interlocuteur d'Esdras, élude le plus qu'il peut l'inflexible logique de cette protestation. Les mystères de Dieu sont si profonds! l'esprit de l'homme est si borné! Pressé de questions, Uriel se sauve par une théorie messianique analogue à celle des chrétiens. Le Messie, fils de Dieu, mais simple homme de la race de David, est sur le point de paraître au-dessus de Sion dans sa gloire, accompagné des personnages qui n'ont pas goûté la mort, c'est-à-dire de Moïse, d'Hénoch, d'Élie, d'Esdras lui-même. Il livrera de grands combats contre les méchants. Après les avoir vaincus, il régnera quatre cents ans sur la terre avec ses élus. Au bout de ce temps, le Messie mourra, et tous les vivants mourront avec lui. Le monde rentrera dans son silence primitif durant sept jours. Puis un monde nouveau apparaîtra; la résurrection générale aura lieu. Le Très-Haut paraîtra sur son trône et présidera le jugement définitif.

Le tour particulier que tendait à prendre le messianisme juif paraît ici avec clarté. Au lieu d'un règne éternel, que rêvaient les anciens prophètes pour la postérité de David, et que les messianistes, à partir de Daniel, transfèrent à leur roi idéal, on arrive à concevoir le royaume messianique comme ayant une durée limitée. Jean ou l'auteur, quel qu'il soit, de l'Apocalypse chrétienne fixe cette durée à mille ans. Pseudo-Esdras se contente de quatre cents ans; les opinions les plus diverses couraient à cet égard dans le judaïsme. Pseudo-Baruch, sans fixer de limite, dit clairement que le règne messianique ne durera qu'autant que la terre périssable. Le jugement du monde, dans cette manière de voir, est distingué de l'avènement du règne messianique, et la présidence en est attribuée au Très-Haut seul, non au Messie. La conscience chrétienne hésita quelque temps sur ce point, ainsi que le prouve l'Apocalypse de Jean; puis la conception du Messie éternel, inaugurant un règne sans fin et jugeant le monde, l'emporta tout à fait, et devint le trait essentiel et distinctif du christianisme.

Une pareille théorie soulevait une question dont nous voyons saint Paul et ses fidèles fort préoccupés. Dans une telle conception, énorme est la différence entre le sort de ceux qui vivront au moment de l'apparition du Messie et de ceux qui mourront auparavant. Notre voyant arrive

même à se poser une question bizarre, mais assez logique :
« pourquoi Dieu n'a-t-il pas fait vivre tous les hommes en
même temps?»

Il sort d'embarras par l'hypothèse de dépôts provisoires
où sont tenues en réserve jusqu'au jugement les âmes des
saints décédés. Au grand jour, les dépôts seront ouverts, en
sorte que les contemporains de l'apparition du Messie
n'auront qu'un avantage sur les autres, c'est d'avoir joui
du règne de quatre cents ans. En comparaison avec
l'éternité, c'est peu de chose : aussi l'auteur se croit
autorisé à soutenir qu'il n'y aura point de privilège, les
premiers et les derniers devant être absolument égaux au
jour du jugement. Naturellement les âmes des justes, ainsi
tenues dans une sorte de prison, ressentent quelque
impatience et disent souvent : « Jusqu'à quand cela durera-
t-il ? Quand viendra l'heure de la moisson? » L'ange
Jérémiel leur répond : « quand le nombre de vos
semblables sera complété. » Ces temps approchent.
Comme les flancs de la femme, après neuf mois de
grossesse, ne peuvent retenir le fruit qu'ils portent, ainsi
les dépôts du *scheol*, trop pleins en quelque sorte, ont hâte
de rendre les âmes qui y sont renfermées. La durée totale
de l'univers se partage en douze parties; dix parties et
demie de cette durée sont écoulées. Le monde court à sa
fin avec une rapidité incroyable. L'espèce humaine est en
pleine décadence; la taille des hommes diminue; comme
des enfants nés de vieux parents, nos races n'ont plus la
vigueur des premiers âges. « Le siècle a perdu sa jeunesse,
et les temps commencent à vieillir. »

Les signes des derniers jours sont chez Pseudo-Esdras
les mêmes que dans les apocalypses chrétiennes. La
trompette sonnera. L'ordre de la nature sera renversé, le
sang coulera du bois, la pierre parlera. Hénoch et Élie
apparaîtront pour convertir les hommes. Il faut se hâter de

mourir, car les maux présents ne sont rien auprès de ceux qui viendront. Plus le monde s'affaiblira par vieillesse, plus il deviendra méchant. La vérité se retirera de jour en jour de la terre, le bien semblera exilé.

Le petit nombre des élus est la pensée dominante de notre sombre rêveur. L'entrée de la vie éternelle est comme le goulet resserré d'une mer, comme un passage étroit et glissant qui donne accès à une ville; à droite, il y a un précipice de feu, à gauche une eau sans fond, un seul homme à peine y peut tenir; mais la mer où l'on entre ainsi est immense, et la ville est pleine de toute sorte de biens.

Il y a dans le monde plus d'argent que d'or, plus de cuivre que d'argent, plus de fer que de cuivre. Les élus sont l'or; les choses sont d'autant plus rares qu'elles sont plus précieuses. Les élus sont la parure de Dieu; cette parure n'aurait plus aucune valeur, si elle était commune. Dieu ne s'attriste pas de la multitude de ceux qui périssent; les misérables! ils n'existent pas plus qu'une fumée, plus qu'une flamme; ils sont brûlés, ils sont morts... On voit quelles racines profondes avaient déjà dans le judaïsme les atroces doctrines d'élection et de prédestination qui devaient causer plus tard à tant d'âmes excellentes de si cruelles tortures. Ces effroyables duretés, dont toutes les écoles préoccupées de damnation sont coutumières, révoltent par moments le sentiment pieux de l'auteur. Il se laisse aller à s'écrier : « O terre, qu'as-tu fait en donnant la naissance à tant d'êtres destinés à la perdition? Qu'il eût mieux valu que la conscience ne nous eût pas été donnée, puisqu'elle n'aboutit qu'à nous faire torturer ! Que l'humanité pleure, que les bêtes se réjouissent; la condition de ces dernières est préférable à la nôtre, puisqu'elles n'attendent pas le jugement, qu'elles n'ont pas de supplice à craindre, et qu'après la mort il n'y a plus rien pour elles. Que nous sert la vie, puisque nous lui devons un avenir de tourments ? Mieux vaudrait le néant que la perspective du jugement après la mort. » L'Éternel répond que l'intelligence a été donnée à l'homme pour qu'il soit inexcusable au jour du jugement et qu'il n'ait rien à répondre.

L'auteur s'enfonce de plus en plus dans les questions bizarres que soulèvent ces dogmes redoutables. Est-ce dès le moment où l'on a rendu le dernier soupir qu'on est damné et torturé, ou bien s'écoule-t-il un intervalle durant lequel on est gardé en repos jusqu'au jugement? Selon Pseudo-Esdras, le sort de chacun est fixé à sa mort. Les méchants, exclus des dépôts d'âmes, sont à l'état d'esprits errants, tourmentés provisoirement de sept supplices, dont les deux principaux sont de voir le bonheur dont on jouit dans l'asile des âmes justes, et d'assister aux préparatifs du supplice qui leur est destiné. Les justes, gardés dans les dépôts par des anges, jouissent de sept joies, dont la plus sensible est de voir les angoisses des méchants et les supplices qui les attendent. L'âme, au fond miséricordieuse, de l'auteur proteste contre les monstruosités de sa théologie.

« Les justes du moins, demande Esdras, ne pourront-ils pas prier pour les damnés, le fils pour son père, le frère pour son frère, l'ami pour son ami? » La réponse est terrible. « De même que, dans la vie présente, le père ne saurait donner procuration à son fils, le fils à son père, le maître à son esclave, l'ami à son ami, pour être malade, pour dormir, pour manger, pour être guéri à sa place, de même ce jour-là personne ne pourra intervenir pour un autre, chacun portera sa propre justice ou sa propre injustice. »

Esdras objecte en vain à Uriel les exemples d'Abraham et d'autres saints personnages qui ont prié pour leurs frères. Le jour du jugement inaugurera un état définitif où le triomphe de la justice sera tel que le juste lui-même ne pourra avoir pitié du damné. Certes nous sommes avec l'auteur quand il s'écrie après ces réponses, censées divines:

« Je l'ai déjà dit, et je le dirai encore, mieux eût valu pour nous qu'Adam n'eût point été créé sur la terre. Du moins, après l'y avoir placé, Dieu devait-il l'empêcher de pécher. Quel avantage y a-t-il pour l'homme à passer sa vie dans la tristesse et la misère, sans attendre après sa mort autre chose que des supplices et des tourments? O Adam, quelle a été l'énormité de ton crime! En péchant, tu t'es perdu toi-même, et tu as entraîné dans ta chute tous les hommes dont tu étais le père. Et que nous sert l'immortalité, si nous avons fait des œuvres de mort? »

On aperçoit maintenant le motif pour lequel le passage qui contient ces doctrines sévères a été supprimé dans le manuscrit de la traduction latine d'où sont provenues toutes les copies que l'on possède, excepté celle qu'a découverte M. Bensly. Le moyen âge tenait beaucoup à la prière pour les morts : or le passage dont il s'agit en était la négation directe; il avait servi de base à l'erreur de Vigilance, si fortement combattue par saint Jérôme. L'omission s'arrête juste à l'endroit où, par suite de la forme du dialogue, la prière pour les morts semble au contraire être recommandée. Une telle suppression est postérieure au IVe siècle, puisque saint Ambroise et Vigilance font usage de la partie enlevée.

Pseudo-Esdras admet bien la liberté; mais la liberté a peu de sens dans un système où l'on se fait une idée aussi exaltée de la prédestination. C'est pour Israël que le monde a été créé; le reste du genre humain est damné.

« Et maintenant, Seigneur, je ne vous prierai point pour tous les hommes (vous savez mieux que moi ce qui les regarde); mais je vous prierai en faveur de votre peuple, de votre héritage, qui est le sujet continuel de mes larmes...

« Interrogez la terre, et elle vous dira que c'est à elle qu'il appartient de pleurer. Tous ceux qui sont nés ou naîtront sortent de la terre; cependant ils courent presque tous à leur perte, et le plus grand nombre d'entre eux est destiné à périr...

« Ne t'inquiète pas du grand nombre de ceux qui doivent périr, car ayant, eux aussi, reçu la liberté, ils ont dédaigné le Très-Haut, rejeté sa loi sainte, foulé aux pieds ses justes, dit dans leurs cœurs : il n'y a point de Dieu. Aussi, pendant que vous jouirez des récompenses promises, ils auront en partage la soif et les tourments qui leur ont été préparés. Ce n'est pas que Dieu ait voulu la perte de l'homme, mais ce sont les hommes formés de ses mains qui ont souillé le nom de celui qui les a faits et qui ont été ingrats pour celui qui leur a donné la vie...

« Je me suis réservé un grain de la grappe, une plante de toute une forêt. Périsse donc la multitude qui est née en vain, pourvu que me soit gardé mon grain de raisin, ma plante que j'ai dressée avec tant de soin. »

IV.

Une vision spéciale est destinée, comme dans presque toutes les apocalypses, à donner d'une façon énigmatique la philosophie de l'histoire contemporaine, et, comme d'ordinaire, on en peut conclure la date du livre avec précision. Un aigle immense (symbole de l'empire romain dans Daniel) étend ses ailes sur toute la terre et la tient dans ses serres. Il a six paires de grandes ailes, quatre paires d'ailerons ou contre-ailes et trois têtes. Les six paires de grandes ailes sont les six empereurs. Le second d'entre eux règne si longtemps qu'aucun de ceux qui lui succèdent n'arrive à la moitié du nombre d'années qui lui a été départi. C'est notoirement Auguste, et les six empereurs dont il s'agit sont les six empereurs de la maison des Jules : César, Auguste, Tibère, Caligula, Claude, Néron, maîtres de l'Orient et de l'Occident. Les quatre ailerons ou contre-ailes sont les quatre usurpateurs ou anti-césars : Galba, Othon, Vitellius, Nerva, qui, selon l'auteur, ne doivent pas être considérés comme de vrais empereurs. Le règne des trois premiers anti-césars est une période de troubles, durant laquelle on peut croire que c'en est fait de l'empire; mais l'empire se relève, non cependant tel qu'il était à l'origine. Les trois têtes (les Flavius) représentent ce nouvel empire ressuscité. Ces trois têtes agissent toujours ensemble, innovent beaucoup, dépassent en tyrannie les Jules, mettent le comble aux impiétés de l'empire de l'aigle (par la destruction de Jérusalem) et en marquent la fin. La tête du milieu (Vespasien) est la plus grande; toutes les trois dévorent les ailerons (Galba, Othon, Vitellius) qui aspiraient à régner. La tête du milieu meurt; les deux autres (Titus et Domitien) règnent, mais la tête de droite dévore celle de gauche (allusion évidente à l'opinion populaire sur le fratricide de Domitien); la tête de droite, après avoir tué l'autre, est tuée à son tour; seule la grande tête meurt dans son lit, mais non sans de cruels tourments (allusion aux fables rabbiniques sur les maladies par lesquelles Vespasien aurait expié son crime envers la nation juive). C'est alors le tour de la dernière paire d'ailerons (Nerva), usurpateur qui succède à la tête de droite (Domitien), et est avec les Flavius dans la même relation que Galba, Othon, Vitellius, furent avec les Jules. Ce dernier règne est court et plein de troubles; c'est moins un règne qu'un acheminement ménagé par Dieu pour amener la fin des temps. En effet, au bout de quelques instants, selon notre visionnaire, le dernier anti-césar (Nerva) disparaît; le corps de l'aigle prend feu, et toute la terre en est frappée d'étonnement. La fin du monde profane arrive, et le Messie vient accabler l'empire romain de reproches sanglants :

« Tu as régné sur le monde par la terreur et non par la vérité. Tu as écrasé les hommes doux, tu as persécuté les gens paisibles, tu as haï les justes, tu as aimé les menteurs, tu as humilié les murailles de ceux qui ne t'avaient fait aucun mal. Tes violences sont montées jusqu'au trône de l'Éternel, et ton orgueil est venu jusqu'au Tout-Puissant. Le Très-Haut a consulté alors sa table des temps et a vu que la mesure était pleine, que son moment était venu. C'est pourquoi tu vas disparaître, toi, ô aigle, et tes ailes horribles, et tes ailerons maudits, et tes têtes perverses et tes ongles détestables, et tout ton corps sinistre, afin que la terre respire, qu'elle se ranime, délivrée de ta tyrannie, et qu'elle recommence à espérer en la justice et la pitié de celui qui l'a faite. »

Les Romains sont jugés ensuite, jugés vivants, et exterminés sur place. Alors le peuple juif respirera ; Dieu le conservera en joie jusqu'au jour du jugement.

On ne peut guère douter d'après cela que l'auteur n'ait écrit sous le règne de Nerva, règne qui parut sans solidité ni avenir, à cause de l'âge et de la faiblesse du souverain, jusqu'à l'adoption de Trajan (fin de 97). Nous ne prétendons pas que les combinaisons qui précèdent aient tout à fait la même certitude que celles qui fixent la date de l'Apocalypse de Jean à l'an 68 ou 69; mais plusieurs points sont indubitables, et suffisent pour qu'on ait droit de ne pas s'arrêter à quelques singularités. Les six Jules et les trois Flavius sont caractérisés avec une évidence absolue. Le livre est donc postérieur à la ruine de la maison flavienne. D'un autre côté, il est antérieur à la grande restauration de l'empire par Trajan. Passé le mois de janvier 98, l'opinion de l'auteur sur la prochaine dissolution de l'empire ne se comprendrait plus. Un autre trait remarquable est celui-ci. L'auteur insiste à plusieurs reprises sur cette circonstance qu'Esdras a sa vision trente ans après la ruine de Jérusalem. Appliquée au véritable Esdras, cette assertion constituerait un grossier anachronisme. L'auteur veut sans doute signifier par là que trente ans à peu près s'étaient écoulés depuis la catastrophe de l'an 70.

L'Apocalypse de l'an 97, comme l'Apocalypse de l'an 68, est donc un cri de haine contre Rome. Toutes deux répondent à des moments de crise où les personnes étrangères aux secrets de la politique purent croire que l'empire, dont elles ne voyaient pas les ressources infinies, allait succomber par suite des compétitions de généraux. Les auteurs des deux révélations, Juifs passionnés, battent des mains par avance sur la ruine de leur ennemi. L'espérance d'un empire juif, succédant à l'empire romain, remplissait encore ces brûlantes âmes, que les effroyables massacres de l'an 70 n'avaient pas abattues. L'auteur de l'Apocalypse d'Esdras avait peut-être dans sa jeunesse combattu en Judée ; parfois il semble regretter de ne pas y avoir trouvé la mort. On sent que le feu n'est pas éteint, qu'il couve sous la cendre, et qu'avant d'abdiquer ses espérances Israël tentera encore plus d'une fois le sort.

Les scènes de désordre qui se succédaient de jour en jour dans l'empire ne donnaient du reste que trop raison au Pseudo-Esdras. Le règne du faible vieillard que tous les partis s'étaient trouvés d'accord pour mettre au pouvoir dans les heures de surprise qui suivirent la mort de Domitien semblait une agonie. La timidité qu'on lui reprochait n'était que de la sagesse. Nerva sentait que l'armée regrettait toujours Domitien, et ne supportait qu'impatiemment la domination de l'élément civil. Les honnêtes gens étaient au pouvoir; mais le règne des honnêtes gens, quand il n'est pas appuyé sur l'armée, est toujours faible. Un terrible incident révéla la profondeur du mal. Vers le 27 octobre de l'an 97, les prétoriens, ayant trouvé un chef dans Casperius Ælianus, viennent assiéger le palais, demandant à grands cris le châtiment de ceux qui avaient tué Domitien. Le tempérament un peu mou de Nerva n'était pas fait pour de pareilles scènes; il s'offrit vertueusement à la mort, mais ne put empêcher le massacre de Parthenius et de ceux à qui il devait l'empire. Ce jour fut décisif et sauva la république. Nerva, en véritable sage, comprit qu'il devait s'associer un jeune capitaine dont l'énergie suppléât à ce qui lui manquait. Il avait des parents; mais, uniquement attentif au bien de l'état, il chercha le plus digne. Le parti libéral possédait dans son sein un admirable homme de guerre, Trajan, qui commandait alors à Cologne; Nerva le choisit. Ce grand acte de vertu politique assura la victoire des honnêtes gens, qui était restée toujours douteuse depuis la mort de Domitien. La vraie loi du césarisme, l'adoption, était trouvée. La soldatesque est refrénée. Suivant les lois de l'histoire, Septime Sévère, avec sa maxime détestable : « contente le soldat, moque-toi du reste, » allait succéder à

Domitien. Grâce à Trajan, la fatalité est ajournée à un siècle. Le mal est vaincu, non pas pour mille ans, comme le croyait Jean, ni même pour quatre cents ans, comme le rêvait Pseudo-Esdras, mais pour cent ans, ce qui est beaucoup.

V.

La fortune de l'Apocalypse d'Esdras fut aussi étrange que l'ouvrage lui-même. Comme le livre de Judith et le discours sur l'*Empire de la raison*, attribué à Josèphe, elle fut négligée des Juifs, aux yeux desquels tout livre écrit en grec devint bientôt un livre étranger; dès son apparition, elle fut au contraire adoptée avec empressement par les chrétiens et tenue pour un livre du canon du Vieux-Testament, écrit réellement par Esdras. L'auteur de l'épître apocryphe de saint Barnabé, l'auteur de l'épître également apocryphe qu'on appelle la deuxième de saint Pierre, y font des emprunts. Le faux Hermas paraît l'imiter pour le plan, l'ordre et l'agencement des visions, le tour du dialogue. Clément d'Alexandrie en fait grand cas encore. L'église grecque, s'éloignant de plus en plus du judéo-christianisme, l'abandonne et la laisse se perdre. L'église latine au contraire la lut avec avidité; en retouchant légèrement un ou deux passages, elle en fit un livre chrétien très édifiant. Puis l'opinion est partagée. Les docteurs instruits, tels que saint Jérôme, en voient le caractère apocryphe et la repoussent avec indignation, tandis que saint Ambroise en fait plus d'usage que de n'importe quel autre livre saint, et ne la distingue en rien des Écritures révélées. Vigilance y puise le germe de son hérésie sur l'inutilité de la prière pour les morts. La liturgie y fait des emprunts. Roger Bacon l'allègue avec respect. Christophe Colomb y trouve des arguments pour l'existence d'une autre terre. Les enthousiastes du XVIe siècle s'en nourrirent. L'illuminée Antoinette Bourignon y voyait le plus beau des livres saints.

En réalité, peu de livres ont fourni autant d'éléments à la théologie chrétienne que cette œuvre anti-chrétienne. Les limbes, le péché originel, le petit nombre des élus, l'éternité des peines de l'enfer, le supplice du feu, les préférences libres de Dieu, y ont trouvé leur expression la moins adoucie. Si les terreurs de la mort ont été fort aggravées par le christianisme, c'est sur des livres comme celui-ci qu'il en faut faire peser la responsabilité. Ce sombre office si plein de rêves grandioses que l'église récite sur les cercueils vient en grande partie des visions ou, si l'on veut, des cauchemars du Pseudo-Esdras. L'iconographie chrétienne elle-même emprunta beaucoup à ces pages bizarres, pour tout ce qui touche à la représentation de l'état des morts. Les mosaïques byzantines et les miniatures offrant l'image de la résurrection ou du jugement dernier semblent calquer ce qu'on y lit des « dépôts » d'âmes. L'idée qu'Esdras recomposa les Écritures perdues dérive principalement de ce livre. Enfin l'ange Uriel lui doit son droit de cité dans l'art chrétien; l'adjonction de ce nouveau personnage céleste à Michel, Gabriel et Raphaël donna aux quatre angles du trône de Dieu, et par suite aux quatre points cardinaux, leurs gardiens respectifs.

Quant à la critique qui se propose pour tâche de faire revivre autant qu'il se peut les états passés de l'humanité, elle doit une grande attention au Pseudo-Esdras. Grâce à lui, nous avons le moyen d'étudier de près le plus fort accès de fièvre que l'humanité ait traversé. Jamais peuple n'éprouva un désespoir comparable à celui du peuple juif le lendemain du jour où, contrairement aux assurances les plus formelles des oracles divins, le temple, que l'on supposait indestructible, s'écroula dans le brasier allumé par les soldats de Titus. Les sicaires, les exaltés avaient presque tous été tués; ceux qui avaient survécu passaient leur vie dans cette espèce de stupéfaction morne qui suit, chez le fou, l'accès furieux. Avoir touché à la réalisation du plus grand des rêves et être forcé d'y renoncer, — au moment où l'ange exterminateur entr'ouvrait déjà la nue, voir tout s'évanouir dans le vide, — s'être compromis en affirmant par avance l'apparition divine et recevoir de la brutalité des faits le plus cruel démenti, n'était-ce pas à douter du temple, à douter de Dieu ? Les idées que l'on croyait les plus indéniables étaient renversées. Jéhovah semblait avoir rompu son pacte avec les fils d'Abraham. On pouvait se demander si même la foi d'Israël, la plus ardente assurément qui fut jamais, réussirait à faire volte-face contre l'évidence et, par un tour de force inouï, à espérer contre tout espoir. Pseudo-Esdras répond à ces questions. Que nous sommes loin avec ce zélote fougueux d'un Josèphe traitant de scélérats les défenseurs de Jérusalem! Voici enfin un Juif véritable, qui regrette de n'avoir pas été avec ceux qui périrent dans l'incendie du temple. La révolution de Judée, selon lui, n'a pas été une folie. Ceux qui défendirent Jérusalem jusqu'à la rage, ces sicaires, que les modérés sacrifiaient et rendaient seuls responsables des malheurs de la nation, ces sicaires ont été des saints. Leur sort fut digne d'envie. Ils seront les grands hommes de l'avenir : *Quanto nobis erat melius si essemus succensi et nos cum incendio Sion; nec enim nos sumus meliores corum qui ibi mortui sunt.* Les révoltes juives sous Trajan (117) et sous Adrien (134) répondirent à ce cri enthousiaste. Il fallut l'extermination de Béther pour avoir raison de cette nouvelle génération de révolutionnaires sortie des cendres des héros de 70.

Deuxième partie[1].

Ruine de Jérusalem.

Dès que la saison le permit, Titus partit d'Alexandrie, gagna Césarée, et, de cette ville, à la tête d'une armée formidable, s'avança vers Jérusalem. Il avait avec lui quatre légions, la 5ᵉ *Macédonique*, la 10ᵉ *Fretensis*, la 12ᵉ *Fulminata*, la 15ᵉ *Apollinaris*, sans parler de nombreuses troupes auxiliaires fournies par ses alliés de Syrie, et de beaucoup d'Arabes venus pour piller. Tous les Juifs ralliés, Agrippa, Tibère Alexandre, devenu préfet du prétoire, Josèphe, le futur historien, l'accompagnaient ; Bérénice attendit sans doute à Césarée. La valeur militaire du capitaine répondait à la force de l'armée. Titus était un remarquable militaire, et surtout un excellent officier du génie, avec cela homme de grand sens, profond politique et, vu la cruauté des mœurs du temps, assez humain. Vespasien, irrité de la satisfaction que les Juifs témoignèrent en voyant éclater les guerres civiles et des efforts qu'ils faisaient pour amener une invasion des Parthes, avait recommandé une grande rigueur. La douceur, selon lui, était toujours interprétée comme une marque de faiblesse par ces races orgueilleuses, persuadées qu'elles combattent pour Dieu et avec Dieu.

L'armée romaine arriva à Gabaath-Saül, à une lieue et demie de Jérusalem, dans les premiers jours d'avril. On était presque à la veille des fêtes de pâque ; un nombre énorme de juifs de tous les pays étaient réunis dans la ville ; Josèphe porte le nombre de ceux qui périrent durant le siège à onze cent mille ; il semblait que toute la nation se fût donné rendez-vous pour l'extermination. Vers le 10 avril, Titus établit son camp à l'angle de la tour Pséphina

(*Kasr-Djaloud* d'aujourd'hui). Quelques avantages partiels remportés par surprise et une blessure grave que reçut Titus donnèrent d'abord aux Juifs une confiance exagérée en leur force et apprirent aux Romains avec quel soin ils devaient se garder, dans cette guerre de furieux.

La ville pouvait compter entre les plus fortes du monde. Les murailles étaient un type parfait de ces constructions en blocs énormes qu'affectionna toujours la Syrie ; à l'intérieur, l'enceinte du temple, celle de la ville haute, celle d'Acra formaient comme des murs de refend et semblaient autant de remparts. Le nombre des défenseurs était très grand ; les provisions, quoique diminuées par les incendies, abondaient encore. Les partis à l'intérieur de la ville continuaient de se battre ; mais ils se réunissaient pour la défense. À partir des fêtes de pâque, la faction d'Éléazar disparut à peu près, et se fondit dans celle de Jean. Titus conduisit l'opération avec un savoir consommé ; jamais les Romains n'avaient montré une poliorcétique aussi savante. Dans les derniers jours d'avril, les légions avaient franchi la première enceinte du côté du nord, et étaient maîtresses de la partie septentrionale de la ville. Cinq jours après, le second mur, le mur d'Acra, était forcé. La moitié de la ville fut ainsi au pouvoir des Romains. Le 12 mai, ils attaquèrent la forteresse Antonia. Entouré de Juifs qui tous, excepté peut-être Tibère Alexandre, souhaitaient la conservation de la ville et du temple, dominé plus qu'il ne l'avouait par son amour pour Bérénice, qui paraît avoir été une juive pieuse et fort dévouée à sa nation, Titus chercha, dit-on, les moyens de conciliation, fit des offres acceptables; tout fut inutile. Les assiégés ne répondirent aux propositions du vainqueur que par des sarcasmes.

Le siège alors prit un caractère d'horrible cruauté. Les Romains déployèrent l'appareil des plus hideux supplices ;

l'audace des Juifs ne fit que s'accroître. Le 27 et le 29 mai, ils brûlèrent les machines des Romains et les attaquèrent jusque dans leur camp. Le découragement se mit parmi les assiégeants ; plusieurs se persuadèrent que les Juifs disaient vrai, que Jérusalem était en effet imprenable ; la désertion commença. Titus, renonçant à l'espérance d'emporter la place de vive force, la bloqua étroitement. Un mur de contrevallation, rapidement élevé (commencement de juin), et doublé du côté de la Pérée d'une ligne de *castella*, couronnant les sommets du mont des Oliviers, sépara totalement la ville du dehors. Jusque-là on s'était procuré des légumes des environs ; la famine maintenant devint terrible. Les fanatiques, pourvus du nécessaire, s'en souciaient peu; des perquisitions rigoureuses, accompagnées de tortures, étaient faites pour découvrir le blé caché. Quiconque avait sur le visage un certain air de force passait pour coupable de receler des vivres. On s'arrachait de la bouche les morceaux de pain. Les plus terribles maladies se développèrent au sein de cette masse entassée, affaiblie, enfiévrée. D'affreux récits circulaient et redoublaient la terreur.

À partir de ce moment, la faim, la rage, le désespoir, la folie habitèrent Jérusalem. Ce fut une cage de fous furieux, une ville de hurlements et de cannibales, un enfer. Titus, de son côté, était atroce ; cinq cents malheureux par jour étaient crucifiés à la vue de la ville avec des raffinements odieux ; le bois ne suffisait plus pour faire les croix, et la place manquait pour les dresser.

Dans cet excès de maux, la foi et le fanatisme des Juifs se montraient plus ardents que jamais. On croyait le temple indestructible. La plupart étaient persuadés que, la ville étant sous la protection spéciale de l'Éternel, il était impossible qu'elle fût prise. Des prophètes se répandaient parmi le peuple, annonçant un prochain secours. La confiance à cet égard était telle, que plusieurs qui eussent pu se sauver restaient pour voir le miracle de Jéhovah. Les frénétiques, cependant, régnaient en maîtres. On tuait tous ceux qui étaient soupçonnés de conseiller la capitulation. Ainsi périt, par ordre de Simon, fils de Gioras, le pontife Matthias, qui avait fait recevoir ce brigand dans la ville. Ses trois fils furent exécutés sous ses yeux. Plusieurs personnes de marque furent également mises à mort. Il était défendu de former le moindre rassemblement ; le seul fait de pleurer ensemble, de tenir une réunion était un crime. Josèphe, du camp des Romains, essayait vainement de nouer des intelligences dans la place ; il était suspect des deux côtés. La situation en était venue au point où la raison et la modération n'ont plus aucune chance de se faire écouter.

Titus cependant s'ennuyait de ces longueurs ; il ne respirait que Rome, ses splendeurs et ses plaisirs; une ville prise par la famine lui paraissait un exploit insuffisant pour inaugurer brillamment une dynastie. Il fit donc construire quatre nouveaux *aggeres* pour une attaque de vive force. Les arbres des jardins de la banlieue de Jérusalem furent coupés jusqu'à une distance de quatre lieues. En vingt et un jours, tout fut prêt. Le 1er juillet, les Juifs essayèrent l'opération qui leur avait réussi une première fois : ils sortirent pour brûler les tours de bois ; mais leur manœuvre échoua complètement. Dès ce jour, le sort de la ville fut irrévocablement écrit. Le 2 juillet, les Romains commencèrent à battre et à saper la tour Antonia. Le 5 juillet, Titus en fut maître et la fit presque entièrement démolir, pour ouvrir un large passage à sa cavalerie et à ses machines vers le point où convergeaient tous ses efforts et où devait se livrer la lutte suprême.

Le temple, ainsi que nous l'avons dit, était, par son mode particulier de construction, la plus redoutable des forteresses. Les Juifs qui s'y étaient retranchés avec Jean de Gischala se préparèrent à la bataille. Les prêtres eux-mêmes étaient sous les armes. Le 17, le sacrifice perpétuel cessa, faute de ministres pour l'offrir. Cela fit une grande impression sur le peuple. On le sut hors de la ville. L'interruption du sacrifice était pour les Juifs un phénomène aussi grave que l'eût été un arrêt dans la marche de l'univers. Josèphe saisit cette occasion pour essayer de nouveau de combattre l'obstination de Jean. La forteresse Antonia n'était qu'à soixante mètres du temple. Des parapets de la tour, Josèphe cria en hébreu, par ordre de Titus (si du moins le récit de la Guerre des Juifs n'est pas mensonger), que Jean pourrait se retirer avec tel nombre de ses hommes qu'il voudrait, que Titus se chargeait de faire continuer par des Juifs les sacrifices légaux, qu'il laissait même à Jean le choix de ceux qui les offriraient. Jean refusa d'entendre. Ceux que n'aveuglait pas le fanatisme se sauvèrent à ce moment auprès des Romains. Tout ce qui resta choisit la mort.

Le 12 juillet, Titus commença les approches contre le temple. La lutte fut des plus acharnées. Le 28, les Romains étaient maîtres de toute la galerie du nord, depuis la forteresse Antonia jusqu'au val de Cédron. L'attaque commença alors contre le temple lui-même. Le 2 août, les plus puissantes machines se mirent à battre les murs, admirablement construits, des exèdres qui entouraient les cours intérieures ; l'effet en fut à peine sensible ; mais, le 8 août, les Romains réussirent à mettre le feu aux portes. La stupeur des Juifs fut alors inexprimable ; ils n'avaient jamais cru que cela fut possible ; à la vue des flammes qui pétillaient, ils versèrent sur les Romains un flot de malédictions.

Le 9 août, Titus donna ordre qu'on éteignît le feu et tint un conseil de guerre où assistaient Tibère Alexandre,

Céréalis et ses principaux officiers. Il s'agissait de savoir si l'on brûlerait le temple. Plusieurs étaient d'avis que, tant que l'édifice subsisterait, les Juifs ne demeureraient point en repos. Quant à Titus, il est difficile de savoir comment il opina ; car nous avons sur ce point deux récits opposés. Selon Josèphe, Titus fut d'avis de sauver un ouvrage si admirable, dont la conservation ferait honneur à son règne et prouverait la modération des Romains. Selon Tacite, Titus aurait insisté sur la nécessité de détruire un édifice auquel se rattachaient deux superstitions également funestes, celle des juifs et celle des chrétiens. « Ces deux superstitions, aurait-il ajouté, bien que contraires l'une à l'autre, ont la même source ; les chrétiens viennent des juifs ; la racine arrachée, le rejeton périra vite. »

Il est difficile de se décider entre deux versions aussi absolument inconciliables ; car, si l'opinion prêtée à Titus par Josèphe peut très-bien être regardée comme une invention de cet historien, jaloux de montrer la sympathie de son patron pour le judaïsme, de le laver aux yeux des juifs du méfait d'avoir détruit le temple, et de satisfaire l'ardent désir qu'avait Titus de passer pour un homme très-modéré, on ne saurait nier que le bref discours mis par Tacite dans la bouche du capitaine victorieux ne soit, non-seulement pour le style, mais pour l'ordre des idées, un reflet exact des sentiments de Tacite lui-même. On a le droit de supposer que l'historien latin, plein contre les juifs et les chrétiens de ce mépris, de cette mauvaise humeur qui caractérise l'époque de Trajan et des Antonins, a fait parler Titus comme un aristocrate romain de son temps, tandis qu'en réalité le bourgeois Titus eut pour les superstitions orientales plus de complaisance que n'en avait la haute noblesse qui succéda aux Flavius. Vivant depuis trois ans avec des Juifs, qui lui avaient vanté leur temple comme la merveille du monde, gagné par les caresses de Josèphe, d'Agrippa, et plus encore de Bérénice, il put très-bien désirer la conservation d'un sanctuaire dont plusieurs de ses familiers lui présentaient le culte comme tout pacifique. Il est donc possible que, comme le veut Josèphe, des ordres aient été donnés pour que le feu allumé la veille fût éteint, et pour que, dans l'effroyable tumulte que l'on prévoyait, des mesures fussent prises contre l'incendie. Il entrait dans le caractère de Titus, à côté d'une réelle bonté, beaucoup de pose et un peu d'hypocrisie. La vérité est sans doute qu'il n'ordonna pas l'incendie, comme le dit Tacite, qu'il ne l'interdit pas, comme le veut Josèphe, mais qu'il laissa faire, en réservant des apparences pour toutes les thèses qu'il lui conviendrait de laisser soutenir dans les régions diverses de la publicité. Quoi qu'il en soit de ce point, difficile à trancher, un assaut général fut décidé contre l'édifice, déjà privé de ses portes. Pour des militaires exercés, ce qui restait à faire n'était plus qu'un effort sanglant peut-être, mais dont l'issue n'offrait rien de douteux.

Les Juifs prévinrent l'attaque. Le 10 août, au matin, ils engagèrent un combat furieux, sans succès. Titus se retira dans l'Antonia pour se reposer et se préparer à l'assaut du lendemain. Un détachement fut laissé pour empêcher que l'incendie ne se rallumât. Alors eut lieu, selon Josèphe, l'incident qui amena la ruine du bâtiment sacré. Les Juifs se jetèrent avec rage sur le détachement qui veillait près du feu ; les Romains les repoussent, entrent pêle-mêle dans le temple avec les fuyards. L'irritation des Romains était au comble. Un soldat, « sans que personne le lui commandât, et comme poussé par un mouvement surnaturel, » prit une solive tout en feu, et, s'étant fait soulever par un de ses compagnons, jeta le tison par une fenêtre qui donnait sur les exèdres du côté septentrional. La flamme et la fumée s'élevèrent rapidement. Titus reposait à ce moment sous sa tente. On courut le prévenir. Alors, s'il en faut croire Josèphe, une sorte de lutte se serait établie entre lui et ses soldats. Titus, de la voix et du geste, ordonnait d'éteindre le feu ; mais le désordre était tel, qu'on ne le comprenait pas ; ceux qui ne pouvaient douter de ses intentions affectaient de ne pas l'entendre. Au lieu d'arrêter l'incendie, les légionnaires l'attisaient. Entraîné par le flot des envahisseurs, Titus fut porté dans le temple même. Les flammes n'avaient pas atteint l'édifice central. Il vit intact ce sanctuaire dont Agrippa, Josèphe, Bérénice lui avaient parlé tant de fois avec admiration, et le trouva supérieur encore à ce qu'on lui en avait dit. Titus redoubla d'efforts, fit évacuer l'intérieur, et donna même ordre à Liberalis, centurion de ses gardes, de frapper ceux qui refuseraient d'obéir. Tout à coup un jet de flammes et de fumée s'élève de la porte du temple. Au moment de l'évacuation tumultuaire, un soldat avait mis le feu à l'intérieur. Les flammes gagnaient de tous les côtés ; la position n'était plus tenable ; Titus se retira.

Ce récit de Josèphe renferme plus d'une invraisemblance. Il est difficile de croire que les légions romaines se soient montrées aussi indociles envers un chef victorieux. Dion Cassius prétend, au contraire, que Titus eut besoin d'employer la force pour déterminer les soldats à pénétrer dans un lieu entouré de terreurs, et dont tous les profanateurs passaient pour avoir été frappés de mort. Une seule chose est certaine, c'est que Titus, quelques années après, était bien aise que, dans le monde juif, on racontât la chose comme le fait Josèphe, et qu'on attribuât l'incendie du temple à l'indiscipline de ses soldats, ou plutôt à un mouvement surnaturel de quelque agent inconscient d'une volonté supérieure. L'*Histoire de la guerre des Juifs* fut écrite vers la fin du règne de Vespasien, en 76 au plus tôt, quand déjà Titus aspirait à être les « délices du genre humain », et voulait passer pour un modèle de douceur et de bonté. Dans les années précédentes, et dans un autre monde que celui des Juifs, il avait sûrement accepté des éloges d'un ordre différent. Parmi les tableaux qu'on promena au triomphe de l'an 71, était l'image « du feu mis aux temples », sans qu'assurément on cherchât alors à présenter ce fait autrement que comme glorieux. Vers le même temps, le poète de cour Valerius Flaccus propose à Domitien comme le plus bel emploi de son talent poétique de chanter la guerre de Judée, et de montrer son frère semant partout les torches incendiaires :

 …Solymo nigrantem pulvere fratrem,
 Spargentemque faces et in omni turre furentem.

La lutte pendant ce temps était ardente dans les cours et les parvis. Un affreux carnage se faisait autour de l'autel, sorte de pyramide tronquée, surmontée d'une plate-forme, qui s'élevait devant le temple ; les cadavres de ceux qu'on tuait sur la plateforme roulaient sur les degrés et s'entassaient au pied. Des ruisseaux de sang coulaient de tous côtés ; on n'entendait que les cris perçants de ceux qu'on égorgeait et qui mouraient en adjurant le ciel. Il était temps encore de se réfugier dans la ville haute ; plusieurs aimèrent mieux se faire tuer, regardant comme un sort digne d'envie de mourir pour leur sanctuaire ; d'autres se jetaient dans les flammes ; d'autres se précipitaient sur les épées des Romains ; d'autres se perçaient eux-mêmes ou s'entre-tuaient. Des prêtres qui avaient réussi à gagner la crête de la toiture du temple, arrachaient les pointes qui s'y trouvaient avec leurs scellements de plomb, et les lançaient sur les Romains ; ils continuèrent jusqu'au moment où la flamme les enveloppa. Un grand nombre de Juifs s'étaient assemblés autour du lieu saint, sur la parole d'un prophète qui leur avait assuré que c'était là le moment même où Dieu allait faire apparaître pour eux les marques du salut.

Une galerie où s'étaient retirés six mille de ces malheureux (presque tous des femmes, des enfants) fut brûlée. Deux portes du temple et une partie de l'enceinte réservée aux femmes furent seules conservées pour le moment. Les Romains plantèrent leurs enseignes sur la place où avait été le sanctuaire et leur offrirent le culte qu'ils avaient accoutumé.

Restait la vieille Sion, la ville haute, la partie la plus forte de la cité, ayant ses remparts encore intacts, où s'étaient sauvés Jean de Gischala, Simon, fils de Gioras, et un grand nombre de combattants qui avaient réussi à se frayer un chemin à travers les vainqueurs. Ce repaire de forcenés exigea un nouveau siège. Jean et Simon avaient établi le centre de leur résistance dans le palais des Hérodes, situé vers l'emplacement de la citadelle actuelle de Jérusalem, et couvert par les trois énormes tours d'Hippicus, de Phasaël et de Mariamne. Les Romains furent obligés, pour enlever ce dernier refuge de l'obstination juive, de construire des *aggeres* contre le mur occidental de la ville, vis-à-vis du palais. Les quatre légions furent occupées à ce travail l'espace de dix-huit jours (du 20 août au 6 septembre). Pendant ce temps, Titus fit promener l'incendie sur les parties de la ville qui étaient en son pouvoir. La ville basse surtout et Ophel jusqu'à Siloam furent détruits systématiquement. Beaucoup de Juifs appartenant à la bourgeoisie purent s'échapper. Quant aux gens de condition inférieure, on les vendit à très-bas prix. Ce fut l'origine d'une nuée d'esclaves juifs, qui, s'abattant sur l'Italie et les autres pays de la Méditerranée, y portèrent les éléments d'une nouvelle ardeur de propagande. Josèphe en évalue le nombre à quatre-vingt-dix-sept mille. Titus accorda leur grâce aux princes de l'Adiabène. Les habits pontificaux, les pierreries, les tables, les coupes, les candélabres, les tentures lui furent remis. Il ordonna de les conserver soigneusement, pour les faire servir au triomphe qu'il se préparait, et auquel il voulait donner un cachet particulier de pompe étrangère en y étalant le riche matériel du culte juif.

Les *aggeres* étant achevés, les Romains commencèrent à battre le mur de la ville haute ; dès la première attaque (7 septembre), ils en renversèrent une partie, ainsi que quelques tours. Exténués par la faim, minés par la fièvre et la fureur, les défenseurs n'étaient plus que des squelettes. Les légions entrèrent sans difficulté. Jusqu'à la fin du jour, les soldats brûlèrent et tuèrent. La plupart des maisons où ils s'introduisaient pour piller étaient pleines de cadavres. Les malheureux qui purent s'échapper se sauvèrent dans Acra, que la force romaine avait presque évacué, et dans ces vastes cavités souterraines qui sillonnent le sous-sol de Jérusalem. Jean et Simon faiblirent à ce moment. Ils possédaient encore les tours d'Hippicus, de Phasaël et de Mariamne, les ouvrages d'architecture militaire les plus étonnants de l'antiquité. Le bélier eût été impuissant contre des blocs énormes, assemblés avec une perfection sans égale et reliés par des crampons de fer. Égarés, éperdus, Jean et Simon quittèrent ces ouvrages imprenables, et cherchèrent à forcer la ligne de contrevallation du côté de Siloam. N'y réussissant pas, ils allèrent rejoindre ceux de leurs partisans qui s'étaient cachés dans les égouts.

Le 8, toute résistance était finie. Les soldats étaient las. On tua les infirmes qui ne pouvaient marcher. Le reste, femmes, enfants, fut poussé comme un troupeau vers l'enceinte du temple et enfermé dans la cour intérieure qui avait échappé à l'incendie. Dans cette multitude parquée pour la mort ou l'esclavage, on fit des catégories. Tout ce qui avait combattu fut massacré. Sept cents jeunes gens, les plus beaux de taille et les mieux faits, furent réservés pour suivre le triomphe de Titus. Parmi les autres, ceux qui avaient passé l'âge de dix-sept ans furent envoyés en Égypte, les fers aux pieds, pour les travaux forcés, ou répartis entre les provinces pour être égorgés dans les amphithéâtres. Ceux qui avaient moins de dix-sept ans furent vendus. Le triage des prisonniers dura plusieurs jours, durant lesquels il en mourut, dit-on, des milliers, les uns parce qu'on ne leur donna pas de nourriture, les autres parce qu'ils refusèrent d'en accepter.

Les Romains employèrent les jours suivants à brûler le reste de la ville, à en renverser les murailles, à fouiller les égouts et les souterrains. Ils y trouvèrent de grandes richesses, beaucoup d'insurgés vivants qui furent tués sur-le-champ, et plus de deux mille cadavres, sans parler de quelques prisonniers que les terroristes y avaient enfermés. Jean de Gischala, contraint par la faim à sortir, demanda quartier aux vainqueurs, qui le condamnèrent à une prison perpétuelle. Simon, fils de Gioras, qui avait des provisions, resta caché jusqu'à la fin d'octobre. Manquant de vivres alors, il prit un parti singulier. Revêtu d'un justaucorps blanc, avec un manteau de pourpre, il sortit inopinément de dessous terre, à l'endroit où avait été le temple. Il s'imaginait par là étonner les Romains, simuler une résurrection, peut-être se faire passer pour le Messie. Les soldats furent, en effet, un peu surpris d'abord ; Simon ne voulut se nommer qu'à leur commandant Terentius Rufus. Celui-ci le fit enchaîner, manda la nouvelle à Titus, qui était à Panéas, et fit diriger le prisonnier sur Césarée.

Le temple et les grandes constructions furent démolis jusqu'aux fondements. Le soubassement du temple fut cependant conservé, et constitue ce qu'on appelle aujourd'hui le *Haram esch-schérif.* Titus voulut aussi garder les trois tours d'Hippicus, de Phasaël et de Mariamne, pour faire connaître à la postérité contre quels murs il avait eu à lutter. La muraille du côté occidental fut

laissée debout pour abriter le camp de la légion 10ᵉ
Fretensis, qui était destinée à tenir garnison sur les ruines
de la ville prise. Enfin, quelques édifices de l'extrémité du
mont Sion échappèrent à la destruction et restèrent à l'état
de masures isolées. Tout le reste disparut. Du mois de
septembre 70 jusque vers l'an 122, où Adrien la rebâtit
sous le nom d'*Ælia Capitolina*, Jérusalem ne fut qu'un
champ de décombres, dans un coin duquel se dressaient les
tentes d'une légion, veillant toujours. On croyait voir à
chaque instant se rallumer l'incendie qui couvait sous ces
pierres calcinées ; on tremblait que l'esprit de vie ne revînt
en ces cadavres qui semblaient encore, du fond de leur
charnier, lever le bras pour affirmer qu'ils avaient avec eux
les promesses de l'éternité.

*

Conséquence de la ruine de Jérusalem.

Titus paraît être resté environ un mois aux environs de Jérusalem, offrant des sacrifices, récompensant ses soldats. Les dépouilles et les captifs furent envoyés à Césarée. La saison déjà fort avancée empêcha le jeune capitaine de partir pour Rome. Il employa l'hiver à visiter diverses villes d'Orient, et à donner des fêtes. Il traînait avec lui des troupes de prisonniers juifs qu'on livrait aux bêtes, qu'on brûlait vifs, ou qu'on forçait de combattre les uns contre les autres. À Panéas, le 24 octobre, jour de la naissance de son frère Domitien, plus de deux mille cinq cents Juifs périrent dans les flammes ou dans des jeux horribles. À Beyrouth, le 17 novembre, le même nombre de captifs fut sacrifié pour célébrer le jour de naissance de Vespasien. La haine des Juifs était le sentiment dominant des villes syriennes ; ces hideux massacres étaient salués avec joie. Ce qu'il y a de plus affreux peut-être, c'est que Josèphe et Agrippa ne quittèrent pas Titus durant ce temps et furent témoins de ces monstruosités.

Titus fit ensuite un long voyage en Syrie et jusqu'à l'Euphrate. À Antioche, il trouva la population exaspérée contre les juifs. On les accusait d'un incendie qui avait failli consumer la ville. Titus se contenta de supprimer les tables de bronze où étaient gravés leurs privilèges. Il fit présent à la ville d'Antioche des *chérubim* ailés qui recouvraient l'arche. Ce trophée singulier fut placé devant la grande porte occidentale de la ville, qui prit de là le nom de porte des *Chérubim*. Près de là, il consacra un quadrige à la Lune, pour le secours qu'elle lui avait prêté durant le siège. À Daphné, il fit élever un théâtre sur l'emplacement de la synagogue ; une inscription indiquait que ce monument avait été construit avec le butin fait en Judée.

D'Antioche, Titus revint à Jérusalem. Il y trouva la 10e *Fretensis* sous les ordres de Terentius Rufus, toujours occupée à fouiller les caves de la ville détruite. L'apparition de Simon, fils de Gioras, sortant des égouts, lorsqu'on croyait qu'il ne s'y trouvait plus personne, avait fait recommencer les battues souterraines ; en effet, chaque jour on découvrait quelque malheureux et de nouveaux trésors. En voyant la solitude qu'il avait créée, Titus ne put, dit-on, se défendre d'un mouvement de pitié. Les Juifs qui l'approchaient exerçaient sur lui une influence croissante ; la fantasmagorie d'un empire oriental, que l'on avait fait briller aux yeux de Néron et de Vespasien, reparaissait autour de lui, et allait jusqu'à exciter des ombrages à Rome. Agrippa, Bérénice, Josèphe, Tibère Alexandre étaient plus en faveur que jamais, et plusieurs auguraient pour Bérénice le rôle d'une nouvelle Cléopâtre. Au lendemain de la défaite des révoltés, on s'irritait de voir des gens de la même sorte honorés, tout-puissants. Quant à Titus, il acceptait de plus en plus l'idée qu'il remplissait une mission providentielle ; il se complaisait à entendre citer les prophéties où l'on disait qu'il était question de lui. Josèphe prétend qu'il rapporta sa victoire à Dieu, et reconnut qu'il avait été l'objet d'une faveur surnaturelle. Ce qu'il y a de frappant, c'est que Philostrate, cent vingt ans après, admet pleinement cette donnée et y prend l'occasion d'une correspondance apocryphe entre Titus et son Apollonius. À l'en croire, Titus aurait refusé les couronnes qu'on lui offrait, alléguant que ce n'était pas lui qui avait pris Jérusalem, qu'il n'avait fait que prêter son ministère à un dieu irrité. Il n'est guère admissible que Philostrate ait connu le passage de Josèphe. Il puisait à la légende, devenue banale, de la modération de Titus.

Titus revint à Rome vers le mois de mai ou de juin 71. Il tenait essentiellement à un triomphe qui surpassât tout ce qu'on avait vu jusque-là. La simplicité, le sérieux, les façons un peu communes de Vespasien n'étaient pas de nature à lui donner du prestige auprès d'une population qui avait été habituée à demander avant tout à ses souverains la prodigalité, le grand air. Titus pensa qu'une entrée solennelle serait d'un excellent effet, et parvint à surmonter à cet égard les répugnances de son vieux père. La cérémonie fut organisée avec toute l'habileté des décorateurs romains de ce temps ; ce qui la distingua fut la recherche de la couleur locale et de la vérité historique. On se plut aussi à reproduire les rites simples de la religion romaine, comme si on eût voulu l'opposer à la religion vaincue. Au début de la cérémonie, Vespasien figura en pontife, la tête plus qu'à demi voilée dans sa toge, et fit les prières solennelles ; après lui, Titus pria selon le même rite. Le défilé fut une merveille ; toutes les curiosités, toutes les raretés du monde, les précieux produits de l'art oriental, à côté des œuvres achevées de l'art gréco-romain, y figurèrent ; il semble qu'au lendemain du plus grand danger que l'empire eût couru, on tînt à faire un pompeux étalage de ses richesses. Des échafaudages roulants, s'élevant à la hauteur de trois et quatre étages, excitaient l'universelle admiration ; on y voyait représentés tous les épisodes de la guerre ; chaque série de tableaux se terminait par la vive effigie de l'apparition étrange de Bar-Gioras et de la façon dont il fut pris. Le visage pâle et les yeux hagards des captifs étaient dissimulés par les superbes vêtements dont on les avait revêtus. Au milieu d'eux était Bar-Gioras, mené en grande pompe à la mort. Puis venaient les dépouilles du temple, la table d'or, le chandelier d'or à sept branches, les voiles de pourpre du Saint des saints, et, pour clore la série des trophées, le captif, le vaincu, le coupable par excellence, le livre de la *Thora*. Les triomphateurs fermaient la marche. Vespasien et Titus montaient deux chars séparés. Titus était rayonnant ; quant à Vespasien, qui ne voyait en tout cela qu'un jour perdu pour les affaires, il s'ennuyait, ne cherchait pas à dissimuler sa vulgaire tournure d'homme occupé, exprimait son impatience de ce que la procession ne marchait pas plus vite, et disait à mi-voix : « C'est bien fait !... Je l'ai mérité !... Ai-je été assez inepte !... À mon âge ! » Domitien, richement costumé, monté sur un cheval magnifique, caracolait autour de son père et de son frère aîné.

On arriva ainsi par la voie Sacrée au temple de Jupiter Capitolin, terme ordinaire de la marche triomphale. Au pied du *clivus capitolinus*, on faisait une halte pour se débarrasser de la partie triste de la cérémonie, l'exécution des chefs ennemis. Cet odieux usage fut observé de point en point. Bar-Gioras, extrait de la troupe des captifs, se vit traîné la corde au cou, avec d'ignobles outrages, à la roche Tarpéienne ; là on le tua. Quand un cri eut annoncé que l'ennemi de Rome n'était plus, une immense acclamation s'éleva ; les sacrifices commencèrent. Après les prières accoutumées, les princes se retirèrent au Palatin ; le reste de la journée s'écoula pour toute la ville dans la joie et les festins.

Le volume de la *Thora* et les tentures du sanctuaire furent portés au palais impérial ; les objets d'or et en particulier la table des pains et le chandelier furent déposés dans un grand édifice que Vespasien fit bâtir vis-à-vis du Palatin, de l'autre côté de la voie Sacrée, sous le nom de temple de la Paix, et qui fut en quelque sorte le musée des Flavius. Un arc de triomphe en marbre pentélique, qui existe encore aujourd'hui, garda le souvenir de cette pompe extraordinaire et l'image des objets principaux qui y furent portés. Le père et le fils prirent à cette occasion le titre d'*imperatores* ; mais ils récusèrent l'épithète de

Judaïque, soit parce qu'il s'attachait au nom de *judæi* quelque chose d'odieux et de ridicule; soit pour indiquer que cette guerre de Judée avait été, non pas une guerre contre un peuple étranger, mais une simple révolte d'esclaves comprimée ; soit par suite de quelque pensée secrète analogue à celle dont Josèphe et Philostrate nous ont transmis l'expression exagérée. Un monnayage où figurait la Judée enchaînée, pleurant sous un palmier, avec la légende *IVDAEA CAPTA, IVDAEA DEVICTA*, garda le souvenir de l'exploit fondamental de la dynastie des Flavius. On continua de frapper des pièces à ce type jusque sous Domitien.

La victoire était complète, en effet. Un capitaine de notre race, de notre sang, un homme comme nous à la tête de légions dans le rôle desquelles nous rencontrerions, si nous pouvions le lire, plusieurs de nos aïeux, venait d'écraser la forteresse du sémitisme, d'infliger à la théocratie, cette redoutable ennemie de la civilisation, la plus grande défaite qu'elle eût jamais reçue. C'était le triomphe du droit romain, ou plutôt du droit rationnel, création toute philosophique, ne présupposant aucune révélation, sur la *Thora* juive, fruit d'une révélation. Ce droit, dont les racines étaient en partie grecques, mais où le génie pratique des Latins eut une si belle part, était le don excellent que Rome faisait aux vaincus en retour de leur indépendance. Chaque victoire de Rome était un progrès de la raison ; Rome apportait dans le monde un principe meilleur à plusieurs égards que celui des Juifs, je veux dire l'État profane, reposant sur une conception purement civile de la société. Tout effort patriotique est respectable ; mais les zélotes n'étaient pas seulement des patriotes ; c'étaient des fanatiques, sicaires d'une tyrannie insupportable. Ce qu'ils voulaient, c'était le maintien d'une loi de sang, qui permettait de lapider le mal pensant. Ce qu'ils repoussaient, c'était le droit commun, laïque, libéral, qui ne s'inquiète pas de la croyance des individus. La liberté de conscience devait sortir à la longue du droit romain, tandis qu'elle ne fût jamais sortie du judaïsme. Du judaïsme ne pouvait sortir que la synagogue ou l'Église, la censure des mœurs, la morale obligatoire, le couvent, un monde comme celui du Ve siècle, où l'humanité eût perdu toute sa vigueur, si les barbares ne l'eussent relevée. Mieux vaut, en effet, le règne de l'homme de guerre que le règne temporel du prêtre ; car l'homme de guerre ne gêne pas l'esprit ; on pense librement sous lui, tandis que le prêtre demande à ses sujets l'impossible, c'est-à-dire de croire certaines choses et de s'engager à les trouver toujours vraies.

Le triomphe de Rome était donc légitime à quelques égards. Jérusalem était devenue une impossibilité ; laissés à eux-mêmes, les Juifs l'eussent démolie. Mais une grande lacune devait rendre cette victoire de Titus infructueuse. Nos races occidentales, malgré leur supériorité, ont toujours montré une déplorable nullité religieuse. Tirer de la religion romaine ou gauloise quelque chose d'analogue à l'Église était une entreprise impossible. Or tout avantage remporté sur une religion est inutile, si on ne la remplace par une autre, satisfaisant au moins aussi bien qu'elle le faisait aux besoins du cœur. Jérusalem se vengera de sa défaite ; elle vaincra Rome par le christianisme, la Perse par l'islamisme, détruira la patrie antique, deviendra pour les meilleures âmes la cité du cœur. La plus dangereuse tendance de sa *Thora*, loi en même temps morale et civile, donnant le pas aux questions sociales sur les questions militaires et politiques, dominera dans l'Église. Durant tout le moyen âge, l'individu, censuré, surveillé par la communauté, redoutera le prône, tremblera devant l'excommunication, et ce sera là un juste retour après l'indifférence morale des sociétés païennes, une protestation contre l'insuffisance des institutions romaines pour améliorer l'individu. C'est certainement un détestable principe que le droit de coercition accordé aux communautés religieuses sur leurs membres ; c'est la pire erreur de croire qu'il y a une religion qui soit exclusivement la bonne, la bonne religion étant pour chaque homme celle qui le rend doux, juste, humble et bienveillant ; mais la question du gouvernement de l'humanité est difficile ; l'idéal est bien haut et la terre est bien bas ; à moins de ne hanter que le désert du philosophe, ce qu'on rencontre à chaque pas, c'est la folie, la sottise et la passion. Les sages antiques ne réussirent à s'attribuer quelque autorité que par des impostures qui, à défaut de la force matérielle, leur donnaient un pouvoir d'imagination. Où en serait la civilisation, si durant des siècles on n'avait cru que le brahmane foudroyait par son regard, si les barbares n'avaient été convaincus des vengeances terribles de saint Martin de Tours ? L'homme a besoin d'une pédagogie morale, pour laquelle les soins de la famille et ceux de l'État ne suffisent pas.

Dans l'enivrement du succès, Rome se souvenait à peine que l'insurrection juive vivait encore dans le bassin de la mer Morte. Trois châteaux, Hérodium, Machéro et Masada étaient toujours entre les mains des Juifs. Il fallait avoir pris son parti de fermer les yeux à l'évidence pour garder encore quelque espoir après la prise de Jérusalem. Les rebelles se défendirent avec autant d'acharnement que si la lutte en avait été à son début. Hérodium n'était guère qu'un palais fortifié ; il fut pris sans de grands efforts par Lucilius Bassus. Machéro présenta beaucoup de difficultés ; les atrocités, les massacres, les ventes de troupeaux entiers de Juifs recommencèrent. Masada fit une des plus héroïques résistances dont l'histoire militaire se souvienne. Éléazar, fils de Jaïre, petit-fils de Judas le Gaulonite, s'était emparé de cette forteresse dès les premiers jours de la révolte, et en avait fait un repaire de zélotes et de sicaires. Masada occupe le plateau d'un immense rocher de près de cinq cents mètres de haut, sur le bord de la mer Morte. Pour s'emparer d'une telle place, il fallut que Fulvius Silva fît de véritables prodiges. Le désespoir des Juifs fut sans bornes, quand ils se virent forcés dans un asile qu'ils avaient cru imprenable. À l'instigation d'Éléazar, ils se tuèrent les uns les autres, et mirent le feu au monceau qu'ils avaient fait de leurs biens. Neuf cent soixante personnes périrent ainsi. Ce tragique épisode arriva le 15 avril 72.

La Judée, par suite de ces événements, fut bouleversée de fond en comble. Vespasien ordonna de vendre toutes les terres qui étaient devenues sans maître par la mort ou la captivité de leurs propriétaires. On lui suggéra, paraît-il, l'idée qui vint plus tard à Adrien, de rebâtir Jérusalem sous un autre nom et d'y établir une colonie. Il ne le voulut pas, et annexa tout le pays au domaine propre de l'empereur. Il donna seulement à huit cents vétérans le bourg d'Emmaüs, près de Jérusalem, et en fit une petite colonie, dont la trace s'est conservée jusqu'à nos jours dans le nom du joli village de Kulonié. Un tribut spécial (*fiscus*) fut imposé aux Juifs. Dans tout l'empire, ils durent payer annuellement au Capitole la somme de deux drachmes qu'ils avaient accoutumé de payer jusque-là au temple de Jérusalem. La petite coterie des Juifs ralliés, Josèphe, Agrippa, Bérénice, Tibère Alexandre, choisit Rome pour séjour. Nous la verrons continuer d'y jouer un rôle considérable, tantôt amenant pour le judaïsme des moments de faveur à la cour, tantôt poursuivie par la haine des croyants exaltés, tantôt concevant plus d'une espérance, notamment quand il s'en fallut de peu que

Bérénice ne devînt la femme de Titus et ne tînt le sceptre de l'univers.

Réduite en solitude, la Judée resta tranquille ; mais l'énorme ébranlement dont elle avait été le théâtre continua de provoquer des secousses dans les pays voisins. La fermentation du judaïsme dura jusque vers la fin de l'an 73. Les zélotes échappés au massacre, les volontaires du siège, tous les fous de Jérusalem se répandirent en Égypte et en Cyrénaïque. Les communautés de ces pays, riches, conservatrices, fort éloignées du fanatisme palestinien, sentirent le danger que leur apportaient ces forcenés. Elles se chargèrent elles-mêmes de les arrêter et de les livrer aux Romains. Beaucoup s'enfuirent jusque dans la haute Égypte, où ils furent traqués comme des bêtes fauves. À Cyrène, un sicaire nommé Jonathas, tisserand de son métier, fit le prophète, et, comme tous les faux messies, persuada à deux mille *ébionim* ou pauvres de le suivre dans le désert, où il promettait de leur faire voir des prodiges et d'étonnantes apparitions. Les Juifs sensés le dénoncèrent à Catulle, gouverneur du pays ; mais Jonathas s'en vengea par des délations, qui amenèrent des maux sans fin. Presque toute la juiverie de Cyrène, l'une des plus florissantes du monde, se vit exterminée ; ses biens furent confisqués au nom de l'empereur. Catulle, qui montra en cette affaire beaucoup de cruauté, fut désavoué par Vespasien ; il mourut dans d'affreuses hallucinations, qui, selon certaines conjectures, auraient fourni le sujet d'une pièce de théâtre à décors fantastiques, « le Spectre de Catulle ». Chose incroyable ! Cette longue et terrible agonie ne fut pas immédiatement suivie de la mort. Sous Trajan, sous Adrien, nous verrons le judaïsme national revivre et livrer encore de sanglants combats ; mais le sort était évidemment jeté ; le zélote était vaincu sans retour. La voie tracée par Jésus, comprise d'instinct par les chefs de l'Église de Jérusalem, réfugiés en Pérée, devenait décidément la véritable voie d'Israël. Le royaume temporel des Juifs avait été odieux, dur, cruel ; l'époque des Asmonéens, où ils jouirent de l'indépendance, fut leur plus triste époque. Était-ce l'hérodianisme, le sadducéisme, cette honteuse alliance d'un principat sans grandeur avec le sacerdoce, qu'il fallait regretter ? Non certes ; là n'était pas le but du « peuple de Dieu ». Il fallait être aveugle pour ne pas voir que les institutions idéales que poursuivait « l'Israël de Dieu » ne comportaient pas l'indépendance nationale. Ces institutions, étant incapables de créer une armée, ne pouvaient exister que dans la vassalité d'un grand empire, laissant beaucoup de liberté à ses raïas, les débarrassant de la politique, ne leur demandant aucun service militaire. L'empire achéménide avait entièrement satisfait à ces conditions de la vie juive ; plus tard, le califat, l'empire ottoman y satisferont encore, et verront se développer dans leur sein des communautés libres comme celles des Arméniens, des Parsis, des Grecs, nations sans patrie, confréries suppléant à l'autonomie diplomatique et militaire par l'autonomie du collège et de l'Église.

L'empire romain ne fut pas assez flexible pour se prêter ainsi aux nécessités des communautés qu'il englobait. Des quatre empires, ce fut, selon les juifs, le plus dur et le plus méchant. Comme Antiochus Épiphane, l'empire romain fit dévoyer le peuple juif de sa vocation véritable en le portant par réaction à former un royaume ou un État séparé. Cette tendance n'était nullement celle des hommes qui représentaient le génie de la race. À quelques égards, ces derniers préféraient les Romains. L'idée d'une nationalité juive devenait chaque jour une idée arriérée, une idée de furieux et de frénétiques, contre laquelle des hommes pieux ne se faisaient pas scrupule de réclamer la protection des conquérants. Le vrai juif, attaché à la *Thora*, faisant des livres saints sa règle et sa vie, aussi bien que le chrétien, perdu dans l'espérance de son royaume de Dieu, renonçait de plus en plus à toute nationalité terrestre. Les principes de Judas le Gaulonite qui furent l'âme de la grande révolte, principes anarchiques, d'après lesquels, Dieu seul étant « maître », aucun homme n'a le droit de prendre ce titre, pouvaient produire des bandes de fanatiques analogues aux Indépendants de Cromwell ; ils ne pouvaient rien fonder de durable. Ces éruptions fébriles étaient l'indice du profond travail qui minait le sein d'Israël, et qui, en lui faisant suer le sang pour l'humanité, devait nécessairement l'amener à périr dans d'affreuses convulsions.

Les peuples doivent choisir, en effet, entre les destinées longues, tranquilles, obscures de celui qui vit pour soi, et la carrière troublée, orageuse de celui qui vit pour l'humanité. La nation qui agite dans son sein des problèmes sociaux et religieux est presque toujours faible comme nation. Tout pays qui rêve un royaume de Dieu, qui vit pour les idées générales, qui poursuit une œuvre d'intérêt universel, sacrifie par là même sa destinée particulière, affaiblit et détruit son rôle comme patrie terrestre. Il en fut ainsi de la Judée, de la Grèce, de l'Italie ; il en sera peut-être ainsi de la France. On ne porte jamais impunément le feu en soi. Jérusalem, ville de bourgeois médiocres, aurait poursuivi indéfiniment sa médiocre histoire. C'est parce qu'elle eut l'incomparable honneur d'être le berceau du christianisme qu'elle fut victime des Jean de Gischala, des Bar-Gioras, en apparence fléaux de leur patrie, en réalité instruments de son apothéose. Ces zélateurs que Josèphe traite de brigands et d'assassins étaient des politiques du dernier ordre, des militaires peu capables ; mais ils perdirent héroïquement une patrie qui ne pouvait être sauvée. Ils perdirent une ville matérielle ; ils ouvrirent le règne de la

Jérusalem spirituelle, assise, en sa désolation, bien plus glorieuse qu'elle ne le fut aux jours d'Hérode et de Salomon.

Que voulaient, en effet, les conservateurs, les sadducéens ? Ils voulaient quelque chose de mesquin : la continuation d'une ville de prêtres, comme Émèse, Tyane ou Comane. Certes, ils ne se trompaient pas, quand ils affirmaient que les soulèvements d'enthousiastes étaient la perte de la nation. La révolution et le messianisme ruinaient l'existence nationale du peuple juif ; mais la révolution et le messianisme étaient bien la vocation de ce peuple, ce par quoi il contribuait à l'œuvre universelle de la civilisation. Nous ne nous trompons pas non plus, quand nous disons à la France : « Renonce à la révolution, ou tu es perdue ; » mais, si l'avenir appartient à quelqu'une des idées qui s'élaborent obscurément au sein du peuple, il se trouvera que la France aura justement sa revanche par ce qui fit en 1870 et en 1871 sa faiblesse et sa misère. À moins de bien violentes entorses données à la vérité (tout en ce genre est possible), nos Bar-Gioras, nos Jean de Gischala ne deviendront jamais de grands citoyens ; mais on fera leur part, et on verra peut-être que mieux que les gens sensés, ils étaient dans les secrets du destin.

Comment le judaïsme, privé de sa ville sainte et de son temple, va-t-il se transformer ? Comment le talmudisme sortira-t-il de la situation que les événements ont faite à l'Israélite ? C'est ce que nous verrons dans notre cinquième livre. En un sens, après la production du christianisme, le judaïsme n'avait plus de raison d'être. Dès ce moment, l'esprit de vie est sorti de Jérusalem. Israël a tout donné au fils de sa douleur, et s'est épuisé dans cet enfantement. Les *élohim* qu'on crut entendre murmurer dans le sanctuaire : « Sortons d'ici ! sortons d'ici ! » disaient vrai. La loi des grandes créations est que le créateur expire virtuellement en transmettant l'existence à un autre : après l'inoculation complète de la vie à celui qui doit la continuer, l'initiateur n'est plus qu'une tige sèche, un être exténué. Il est rare cependant que cette sentence de la nature s'accomplisse sur-le-champ. La plante qui a porté sa fleur ne consent pas à mourir pour cela. Le monde est plein de ces squelettes ambulants qui survivent à l'arrêt qui les a frappés. Le judaïsme est du nombre. L'histoire n'a pas de spectacle plus étrange que celui de cette conservation d'un peuple à l'état de revenant, d'un peuple qui, pendant près de mille ans, a perdu le sentiment du fait, n'a pas écrit une page lisible, ne nous a pas transmis un renseignement acceptable. Faut-il s'étonner qu'après avoir ainsi vécu des siècles hors de la libre atmosphère de l'humanité, dans une cave, si j'ose le dire, à l'état de folie partielle, il en sorte pâle, étonné de la lumière, étiolé ?

Quant aux conséquences qui résultèrent pour le christianisme de la ruine de Jérusalem, elles sont si évidentes que dès à présent on peut les indiquer. Déjà même plusieurs fois nous avons eu l'occasion de les laisser entrevoir.

La ruine de Jérusalem et du temple fut pour le christianisme une fortune sans égale. Si le raisonnement prêté par Tacite à Titus est exactement rapporté, le général victorieux crut que la destruction du temple serait la ruine du christianisme aussi bien que celle du judaïsme. On ne se trompa jamais plus complètement. Les Romains s'imaginaient, en arrachant la racine, arracher en même temps le rejeton ; mais le rejeton était déjà un arbuste qui vivait de sa vie propre. Si le temple avait survécu, le christianisme eût été certainement arrêté dans son développement. Le temple survivant aurait continué d'être le centre de toutes les œuvres judaïques. On n'eût jamais cessé de l'envisager comme le lieu le plus saint du monde, d'y venir en pèlerinage, d'y apporter des tributs. L'Église de Jérusalem, groupée autour des parvis sacrés, eût continué, au nom de sa primauté, d'obtenir les hommages de toute la terre, de persécuter les chrétiens des Églises de Paul, d'exiger que, pour avoir le droit de s'appeler disciple de Jésus, on pratiquât la circoncision et on observât le code mosaïque. Toute propagande féconde eût été interdite ; des lettres d'obédience signées de Jérusalem eussent été exigées du missionnaire. Un centre d'autorité irréfragable, un patriarcat composé d'une sorte de collège de cardinaux, sous la présidence de personnes analogues à Jacques, juifs purs, appartenant à la famille de Jésus, se fût établi, et eût constitué un immense danger pour l'Église naissante. Quand on voit saint Paul, après tant de mauvais procédés, rester toujours attaché à l'Église de Jérusalem, on conçoit quelles difficultés eût présentées une rupture avec ces saints personnages. Un tel schisme eût été considéré comme une énormité, équivalant à l'abandon du christianisme. La séparation d'avec le judaïsme eût été impossible ; or cette séparation était la condition indispensable de l'existence de la religion nouvelle, comme la section du cordon ombilical est la condition de l'existence d'un être nouveau. La mère allait tuer l'enfant. Le temple, au contraire, une fois détruit, les chrétiens n'y pensent plus ; bientôt même ils le tiendront pour un lieu profane; Jésus sera tout pour eux.

L'Église de Jérusalem fut du même coup réduite à une importance secondaire. Nous la verrons se reformer autour de l'élément qui faisait sa force, les *desposyni*, les membres de la famille de Jésus, les fils de Clopas ; mais elle ne régnera plus. Ce centre de haine et d'exclusion une fois détruit, le rapprochement des partis opposés de l'Église de Jésus deviendra facile. Pierre et Paul seront réconciliés d'office, et la terrible dualité du christianisme naissant cessera d'être une plaie mortelle. Oublié au fond de la Batanée et du Hauran, le petit groupe qui se rattachait aux parents de Jésus, aux Jacques, aux Clopas, devient la secte ébionite, et meurt lentement d'insignifiance et d'infécondité.

La situation ressemblait en bien des choses à celle du catholicisme de nos jours. Aucune communauté religieuse n'a jamais eu plus d'activité intérieure, plus de tendance à émettre hors de son sein des créations originales que le catholicisme depuis soixante ans. Tous ces efforts sont pourtant restés sans résultat pour une seule cause ; cette cause, c'est le règne absolu de la cour de Rome. C'est la cour de Rome qui a chassé de l'Église Lamennais, Hermes, Dœllinger, le P. Hyacinthe, tous les apologistes qui l'avaient défendue avec quelque succès. C'est la cour de Rome qui a désolé et réduit à l'impuissance Lacordaire, Montalembert. C'est la cour de Rome qui, par son *Syllabus* et son concile, a coupé tout avenir aux catholiques libéraux. Quand est-ce que ce triste état de choses changera ? Quand Rome ne sera plus la ville pontificale, quand la dangereuse oligarchie qui s'est emparée du catholicisme aura cessé d'exister. L'occupation de Rome par le roi d'Italie sera probablement un jour comptée dans l'histoire du catholicisme pour un événement aussi heureux que la destruction de Jérusalem l'a été dans l'histoire du christianisme. Presque tous les catholiques en ont gémi, de même sans doute que les judéo-chrétiens de l'an 70 regardèrent la destruction du temple comme la plus sombre calamité. Mais la suite montrera combien ce jugement est superficiel. Tout en pleurant sur la fin de la Rome papale, le catholicisme en tirera les plus grands avantages. À l'uniformité matérielle et à la mort on verra succéder dans son sein la discussion, le mouvement, la vie et la variété.